Georg Schimmer

Das von einem Mordkind erschreckte Wittenberg

Georg Schimmer

Das von einem Mordkind erschreckte Wittenberg

ISBN/EAN: 9783743332492

Hergestellt in Europa, USA, Kanada, Australien, Japan

Cover: Foto ©ninafisch / pixelio.de

Manufactured and distributed by brebook publishing software (www.brebook.com)

Georg Schimmer

Das von einem Mordkind erschreckte Wittenberg

Das
Von einem Mord-Kind
erschreckte

Wittenberg/

Wie solches
unter Ahitophels Exempel/ aus 2. Sam. XVII.
in ausführlicher Beschreibung der gantzen
Begebenheit /
sambt
Beygefügter Copey eines von dem Erhangenen
zurückgelassenen Schreibens/
fürstellete

M. Georg Schimmer/
Prediger an der Haubt-Kirchen zu St.
Marien daselbst.

Zum andern mahl gedruckt.

※※※※※※※※※※※※※※※※※※※※※※※

Wittenberg/
Zufinden bey Jeremias Schreyen und Heinrich Joh. Meyern.
Anno 1698.

Geneigter Leser/
- - - denck: was diese Blätter zeigen/
Kömbt aus erschrocknen Geist/da Furcht die Feder
rührt.
Such keine Zierligkeit; weil selbst die Kunst muß
schweigen/
Wo Angst und Mord-Geschrey uns auf die Can-
zel führt!

Gratia Spiritus Auxilium Meum!

Antritt.

Breit aus die Flügel beyde/
O JESU/ meine Freude/
Und nimm dein Küchlein ein!
Will Satan uns verschlingen/
So laß die Engelein singen:
Dies Kind/ diese heilige Gemeine soll unverletzet seyn.

Dies lasse ich anietzo billig den ersten Stoß- und Hertzens-Seuffzer seyn/ welchen aus innersten Grund meiner Seelen ich herhohle/ und Dir/ O theurer Menschen-Hüter/ mit heissen Thränen zu den Thron deiner Göttlichen Majestät/ in dieser Morgenstunde/ niederlege. Wie hohe Ursach ich hierzu habe/ Geliebteste in dem HErrn/ daß zeiget uns JEsus in den gestrigen Evangelio/ wenn Er aus seinem holdseligen Munde/ nicht ohne Hertzens-Jammer/ diese traurige Stimme hören ließ: Dies hat der Feind gethan. Nemlich es hatte Christus seinen Mund aufgethan in Gleichnüßen und erwehnet/ daß die Knechte des Hausvaters/ der guten Saamen auf seinen Acker gesäet/ zu ihm getreten und gesprochen: Herr/ hastu nicht guten Saamen auf deinen Acker gesäet? woher hat er denn das Unkraut? denen er aber gleich zur Antwort gegeben: Das hat der Feind gethan. (Matth. XIII. 28.) Die Rede ist verblümt/ ein Gleichnis oder Parabel/ und zielet auf die Boßheit des leidigen Satans. Denn wie Christus es nachgehends selber erklärt/ so ist der Sämann des Menschen Sohn/ (v. 37.) der gute

te Saamen Kinder des Reichs/ oder die Rechtgläubigen/ der böse Saamen aber/ die Kinder der Boßheit/ (v. 38.) welchen der Teufel als der Feind/ ausgesäet (v. 40.) und untergestreuet hat. Und will Christus so viel anzeigen: Daß ob Er zwar guten Saamen ausgesäet / und durch seine Lehre vieler Menschen Hertzen gewonnen/ daß sie das Wort mit Freuden aufgenommen und herrliche Früchte getragen/ dennoch der böse Feind sein Unkraut/ nemlich die Kinder der Boßheit/ mit untergestreuet. Ich will mich hier nicht aufhalten in Anführung und Wiederlegung der Manichäer/ welche unter andern aus diesen Worten Anlaß genommen zu lehren/ ob wären von Ewigkeit her zwene unterschiedene und widerwärtige principia oder Götter/ derer einer das gute/ der andere aber das böse geschaffen und in die Welt gebracht.* Denn wie solcher Schwarm ohne dem schon längst von denen die des HERRN Kriege geführet/ gründlich widerleget /** also mögen auch diese unsere Worte ihnen nicht zustatten kommen. Denn der Feind/ von welchem Christus saget/ daß er das Unkraut gesäet/ ist/ wie gehört/ der Teufel. Von dem finden wir nirgend in der heiligen Schrifft / daß ihm eintzige Erschaffung der Dinge zugeeignet werde/ aber wohl dieses/ daß er für sich und aus eigener Gewalt weder in eine Sau fahren (Matth. VIII, 31.) noch dem Hiob schädlichen

* Manichæorum Error hic originem traxit primùm, ex Empedoclis Philosophi Gentilis Scholâ, qvippe qvi duas primarias virtutes, Φιλίαν καὶ νεῖ-κος, qvarum altera unioni, altera verò dissensioni inserviat, edocuit, teste Justino Mart. in Cohort. ad Græc. p. 5. Eâ enim imbutus post modum sententia Therebinthus qvidam Philosophus, ad Christianismum conversus, cum Creationis negotio conciliavit, duos contrarios Deos statuens. Ex cujus dein libris virus hoc Manes, Cubricus aliàs dictus, fideliter hausit, ac longe lateqve, non in Persia duntaxat, sed & in Græcia, usque ad Rom. Ecclesiam sparsit. Socrat. Hist. Eccl. l. 1. c. 22. p. m. 55.

** Sufficiat ex plurimis adduxisse B. Meisn. Anthrop. S. Dec. I. disput. 3. q. 4. §. 5. seqq. & Malleum Hæreticorum B. Calovium hinc inde in Scriptis.

lichen fällen können. (vid. Centuriat. Magd. 3. c. 5. p. 12.) Wir appliciren vielmehr diese ietztberührte Antwort gleich auff unsere unglückliche und betrübte Zeiten. Denn wie niemand unter uns ein Fremdling seyn wird/ der nicht solte wissen/ was in diesen Tagen bey uns sich zugetragen/ wie nehmlich ein frembder Studiosus/ von andern Orten zu uns kommen/ und nach Verfliessung weniger Tage/ jenseits der Elbe/ an einer Eichen sich erhencket/ u. also selbsten ermordet hat: Einer oder der ander aber bey sich fluctuiren möchte/ wo denn dieses Unkraut herkäme, als ist alsofort die Antwort: Das hat der Feind/ der höllische Feind gethan. Denn treten wir Knechte GOttes/ samt unsern lieben Zuhörern für den HErrn/ und fragen: Wie kömts/ daß dieses Mord-Kind eben hieher gekommen? So antwortet uns gleichsam der Mund CHristi: Das hat der Feind gethan. Denn das dieser armseelige Mensch nicht studirens halber sich hier eingefunden/ sondern/ außer allen zweiffel/ sein Mord-stück zu vollführen/ könnte uns also zu urtheilen Anlaß geben immatriculationis neglectus, daß er sich bey unserer hochlöbl. Universität nicht angegeben/ und wie sonsten zu Leipzig und Jena wohl von ihm geschehen/ alsofort immatriculiren lassen. Es könte es bekräfftigen suppellectilis librariæ defectus, weil er keine oder sehr wenig etwan 3. Bücher/ worunter weder die H. Bibel/ noch sonst ein Gebet-Buch gewesen/ bey sich gehabt. Gewißlich! wenn ein Soldat sein Gewehr von sich leget/ so hat er wenig Lust zu streiten und kriegen. Findet man in eines Handwerckers Stube oder Haus weder Werckzeug noch Geräthe/ so ist zu vermuthen/ daß er gewiß nicht arbeiten mag. Es könte auch davon zeugen amicorum & conversationis despectus: daß er mit keinen weder seiner Herrn Landsleuten noch andern Studenten sich bekand gemacht/ auch von keiner Bekandschaft etwas hör wollen/ damit er ja nicht in seinen Vorhaben von iemanden möchte gehindert/ und auf frölichere Gedancken gebracht werden.

Und

und das alles hat der Feind gethan / außer allen Zweiffel an denjenigen Welt-beruffenen Ort / aus welchen / als aus einem Eqvo Trojano, unzehliche Helden GOttes gekommen / die seiner höllischen Pforten grossen Abbruch gethan / in einen übeln Ruff zu bringen. Fragen wir ferner: woher kömts / daß dieser unglückseelige Mensch / noch vor seinem Selbst-Mord eine ärgerliche und verzweiffelte Schrifft verfertiget? So antwortet der Mund des HErrn abermals: Das hat d'Feind gethan. Denn wie dieser böse Feind selbsten gestehet / daß er capabel sey / nicht nur Ahab / sondern auch andre Welt-kluge Leute zu verwirren / wenn er ausgehet / und ein falscher Geist ist in der Propheten Munde / (II. Reg. XXII. 22.) also ist kein Zweiffel / daß er nicht durch diesen seinen Lügen-Propheten das Unkraut seiner lästerlichen Gedancken in vieler Hertzen säen wird; Bevoraus / da dieser verzweiffelte Mensch solche Schrifft mit seinem Tott bestätiget und recht ein Teuffels Märtyrer (es mag ihn auch canonisiren wer da wolle) geworden ist. Wissen wir uns noch nicht zu fassen / wie es komme / daß er gar hand an sich geleget / und durch einen Strick sich entseelet hat? So deucht mich / Christus antwortet uns nochmahls und spricht: Das hat der Feind gethan. Warlich / warlich! nicht GOtt / sondern Satanas hat ihn solches / wie dem Judas Ischarioth / ins Hertz gegeben; Nicht der gute Geist / der uns auf ebener Bahne führet / sondern der Mord-Geist hat ihn aus unserer lieben Stadt über die Elbe geleitet und gebracht. Kein Engel GOttes hat ihn an den Baum geholffen / sondern der Feind des menschlichen Lebens / der Feind aller Christen / ja der Feind unserer Seeligkeit hat es gethan. Ach weh! ach Seelen-Jammer! ach erbärmliche Begebenheit! Wie? Solte wohl bey solchen erschrecklichen Fall ein Diener GOttes nicht fast Blut weinen? Solte bey solchen aufgehenden Dampff und Rauch der Ergernüs und Seelen-Gefahr ein geistlicher Wächter nicht Feuer ruffen und Sturm schlagen? Gewißlich! die Noth und das Gewissen zwinget mich mei-

meine gewöhnliche Ruthische Arbeit vor dißmahl auf die Seite zu setzen/ und einen solchen Text vor die Hand zu nehmen der diesen traurigen Fall und erschreckliche Tragœdie gäntzlich uns fürstelle. Und das wird seyn das Exempel des verzweifelten Ahitophels/ it.

TEXT.
II. Samuel. XVII, 23.

Als aber Ahitophel sahe/ daß sein Rath nicht fortgegangen war/ sattelte Er seinen Esel/ machte sich auff/ und zog heimb in seine Stadt/ und beschickte sein Haus/ und hieng sich/ und starb. Und ward begraben in seines Vaters Grab.

Eingang.

OB zwar der Selbst-Mord/ da ein Mensch gewaltthätiger Weise sich selbsten das Leben nimt/ ein grausames Beginnen ist / facinus Scelestissimum, eine verzeifelte und abscheuliche böse That: so hat doch der leidige Satan, der Feind/ von welchen wir ietzo gehöret / daß er das Unkraut in der Welt ausgestreuet/ durch seine Boßheit/ unter den Kindern des Unglaubens es so weit gebracht/ daß noch etliche sich gefunden/ welche dieses verdammte Schand- und Teuffels-stück gebilliget/ ach! was gebilligt? ja gar gerathen haben. Denen Gelehrten ist insonderheit aus den Schrifften des heil. Augustini bekand/ wie hiebevor Ketzer gelebet/ die Donatisten und Circumcelliones genannt/ (derer Stoicken ist andern Orthen erwehnet/) welche sich nicht allein selbsten aus heiligen Eiffer und Einbildung

dung getödtet/ sondern auch absonderlich die letzten/ die Cörper derjenigen/ so sich selbsten in den Tod gestürtzet/ herrlich verehret/ canonisiret und in die Zahl der Heiligen gesetzet haben. Aber der HErr schelte dich Satan! Ich der HErr schelte dich! Es müssen verlohren seyn alle/ die dieses rathen und thun: Es verfluche sie der Verflucher des Tages/ und die da bereit seyn zu erwecken den Leviathan! zu reden mit Hiob (c. III. 8.) Denn erweget nur in hertzlicher Furcht/ Ihr Christlichen und Gottseeligen Hertzen/ was für eine grausame That der Selbst-Mord sey/ unter allen aber derjenige, der vermittelst eines Strickes geschiehet? wie er lauffe und streite wider die Natur/ wider GOtt und wider alle Zucht und Billigkeit!

In der Natur und mit der Natur kan der Selbst-Mord nimmermehr bestehen. Denn wo ist doch ein wildes Thier so grausam und eine Bestie so grimmig/ daß sie ihre eigene Klauen ihr an den Hals setzen und sich ermorden solte? Mortem non opinio, sed natura horret: Für den Todt entsetzet sich nicht etwann ein blosses Einbilden / sondern die Natur erschüttert dafür; daß auch Satan selbst bekennet: Haut für Haut und alles was ein Mann hat/ lässet er vor sein Leben/ (Job. III. 4.) Hingegen ist das Gesetz der Natur dieses/ daß niemand sein eigen Fleisch gehasset/ (Ephes. V, 29.) Und gleich sowol erwecket der böse Feind solche Gemüther/ die alle Menschheit und Liebe gleichsam ausziehen und von sich legen / ihrer selbsten vergessen/ und mit den leiblichen den ewigen Seelen-Todt befördern und fürnehmen. O grausame That! O schändliches Beginnen! O unnatürliche Grausamkeit!

Doch! was sag ich von der Natur? Der allergütigste GOtt selbst und seine heilige Gewalt wird dadurch geschändet. GOtt ists/ der dir und mir/ u. uns allen das Leben gegeben/ auch zu seiner Zeit wieder von uns fordern will/ wenn Er wird sprechen: Kompt wieder ihr Menschen-Kinder. Er ist es/ der dich und mich/ und uns alle zu seinen Knechten und Mägden/ zu seinen Soldaten

ten und Streitern hat angenommen. Gleichwie nun Dienstboten nicht allein unehrlich handeln / sondern auch Herr und Frau sehr erzürnen würden / wenn solche Feyerabend machen oder gar aus dem Dienste lauffen wolten / ehe die Zeit um ist. Wie kein redlicher Soldat von seiner Schildwache gehet / er werde denn abgelöset / thut ers / so ist zubefahren / daß ihm das scharfe Kriegs-Recht ein unangenehmes Urtheil sprechen dürfte: Also stehet es in keines Menschen Gewalt von seinen Leben / als von einer Schildwache abzuziehen oder Feyerabend zu machen / wenn er wolle. Vitaqve mancipio nulli datur, omnibus usu. Unser keiner lebet Jhm selber / und keiner stirbet Jhm selber / spricht Paulus (Rom. XIV, 7.) Es heist / wie Socrates sagte / als er itzt sterben wolte; ἡμεῖς γὰ ἄνθρωποι, ἕν τῶν κτημάτων, τοῖς θεοῖς εἰμεν. (Plato in Phœdon.) DEus possessor noster est, oder wie es es der Apostel in folgenden Worten ausspricht: Leben wir / so leben wir dem HErren / sterben wir / so sterben wir dem HErren. Dahero auch Lactantius recht geschriebē(L.3.div.Instit.c.18.) Sicut in hanc vitam non Sponte nostra venimꝯ, ita rursus ex hoc domicilio corporis, qvod tuendum nobis assignatum est, ejusdem jussu nobis recedendū est, qvi nos in hoc corpꝯ induxit tamdiu habitaturos, donec jubeat emitti. Wie wir nicht von uns selbsten in das Leben eingehen / also müssen wir auch die Hütten und Herberge unsers Leibes / die uns zu beschützen anvertrauet ist / auf dessen Befehl wiederum verlassen / der uns darein gebracht / daß wir so lange darinnen wohnen sollen / biß Er uns wieder zurücke rufft. Thut mans nicht / so greifft man GOtt in seine heilige Gewalt / und will Jhm gleichsam seine Macht über unser Leben / die Er von Ewigkeit her hat / disputirlich machen; welchen Frevel aber warhafftig ein solcher in dem Pfuhl / der mit Feuer und Schwefel brent / mit ewigen Ach und Zeder-Geschrey / wird büssen müssen. (Apoc. XXI,8.)

Endlich so ist auch der Selbst-Mord/ bevoraus derjenige welcher in jecto laqveo und vermittelst eines Stranges geschiehet/ wieder alle Zucht und Billigkeit/* weil ein solcher Mensch/ nebst seinen ewigen Seelen-Schaden in zeitliche Schand und schreckliche Schmach sich stürtzet. Denn da ist bekandt/ daß in solchen Fällen gemeiniglich oder doch de jure, der Teuffel und der Schinder sich theilen / indem dieser den gehenckten Leib/ als ein todes Vieh-Aaas zur Schind- oder Galgen-Gruben / gleich wie jener die unseelige Seele zur Höllen Gruben schleppet und reist. Denn was dißfalls in denen Rechten verordnet / kan nicht verborgen seyn. Geschiehet dergleichen Exempel in einem Hauß / so soll der Cörper mit Stricken aus denselben gezogen werden/ und zwar nicht durch die gewöhnliche Thüre/ sondern durch ein Loch/ oder durch eine Grube/ so unter der Haußschwellen gegraben/ weil es nehmlich unbillig sey/ daß ein solcher Cörper/ durch eben diese Thüre/ wodurch er gesund und lebend aus und eingegangē/ todt solte gebracht werden. (Leg. Carpzov. P. IV. C. XXXIV. d. 6.)

Wer wolte nun von den Vorsetzlichen Selbst-Mord etwas gutes urtheilen? Wer wolte nicht schlüßen/ daß es eine verfluchte That / ein verzweiffeltes und abscheulich-böses Beginnen sey. Nun wohlan! Wir wollen bey dieser erbärmlichen Gelegenheit/ allen Christlichen Hertzen zum Abscheu / und für allen Dingen zur Warnung für allen sichern und Atheistischen Leben aus unsern Text erwegen

Den allerschändlichsten Selbst-Mord/
Als bey welchen das höllische Mord-Kind bemühet ist einen Menschen zu bringen

I. Zum

---

* Jus Civile, cui vitium hoc aversatur, lubens libensqve prætereo in ipsius locum, qvod sit impurissimum mortis genus, surrogans. Inde etiam Virgilius L. X Æn *in forme letbum*: & Levius l. 42. *Fœdam mortem* indigitat. Vid. Jac. Guther. de Jure Man. l. 1. c. 10. p 62.

I. Zum Verdruß des Lebens/ von dem Verdruß
II. Zum Strick/ und denn vom Strick
III. Zur Höllen.
   Faxit DEus omnia feliciter!

Abhandlung.

BJllig und Christlich ist es zwar/ daß wir alle/ die wir hier versammlet sind/ und die da sonsten hören/ was sich in diesen Tagen zugetragen/ über den unglücklichen und verzweiffelten Fall eines sonst gelehrten und geschickten Studiosi, ein hertzliches und schmertzliches Mitleyden haben; und das nicht allein umb unsert willen/ daß wir/ als seine Neben- und Mit-Christen/ so grossen Jammer an einen Gliede/ so doch Christus/ wie alle/ mit seinem Blute so theuer erlöset/ erfahren müssen: Sondern auch fürnehmlich der in der Glückstad höchst unglücklich-leben-Frau Mutter wegen.   O wie wird das arme Mutter-Hertz in Blute schwimmen/ wenn die Trauer- und Mord-Post ihre Ohren erfüllen wird! Wie wird sie ihre Hände ringen! Wie wird sie in ihre Haare rauffen und ruffen: Ach mein Sohn! mein Sohn! Ach mein Sohn! mein Sohn. Wolte Gott/ ich solte für dich sterben! dergleichen etwan der betrübte David that/ als er auch die Mord-Post höret/ daß sein Sohn Absolon an einer Eichen/ gleich diesem Menschen/ sich erhencket. (II. Samuel. XIIX, 33, II.) Wie dem allen aber! Wir können dennoch wieder GOtt und unser eigen Gewissen/ einen solchen Menschen noch lange nicht canonisiren und ungescheuet seelig sprechen/ als der einen solchen gefährlichen Mord-Sprung gethan/ und zum öffentlichen Gnaden-Schänder geworden ist. Dahero wir auch/ bey solchen erbärmlichen Exempel/ nach Anleitung unsers Texts erwegen wollen

Den allerschändlichsten Selbst-Mord/

Wie nehmlich Satan seine Reichs-Genossen die Atheistischen Spötter endlichen zu belohnen pflege. Denn da ist er bemühet dieselben zu bringen   B 2

I. Zum Verdruß ihres Lebens.

O gefährlicher Menschen-Feind! O grimmiges Höllen-Kind! Was für listige Anläuffe hastu nicht die armen Menschen zu fällen und zu stürtzen? Wie vielerley weistu doch im Weg zu legen/ dadurch man seines Lebens überdrüßig werde/ und durch den Todt dasselbe zu enden suchen will! Ach! haben doch deine Mord-Pfeile auch fromme Hertzen empfunden! Du hast es durch dein zuschüren bey ihnē so weit gebracht/daß sie sich oft den Tod anzuthun sind gesonnen gewesen. Wie verzweiffelt redete nicht Hiob? **Meine Seele sprach er / wünschet erhangen zu seyn:** Das ist! ich geriethe vielmahls auf die Gedancken/ ob müste ich endlich einen Strik nehmen/und mir vom Leben helffe.(c.VII,15.) Was solstu nun nicht vermögen bey den Kindern des Unglaubens? Was solstu nicht können bey denen/ die in deinen Striken/ nach deinem Willen/gefangen einhergehen? Die gantze Sache wird zuerkennen seyn/ wenn wir wohl erwegen/ so wohl die **Eigenschafft**/wie dieser Feind in dem Menschen einen Verdruß zu leben erwecken kan als auch die **Ursach**/ woher solches entspringe.

Jenes lehret uns das Exempel des unseeligen Ahitophels. Denn so fänget unser Text sich gleich an: **Als aber Ahitophel sahe/ daß sein Rath nicht fortgegangen war.** Wer Ahitophel gewesen/ halt ich ohne Noth weitläufftig zu entwerffen weil mein gutes Vertrauen/ daß es denen meisten aus fleissiger Lesung Heil. Schrifft nicht unverborgen seyn kan / mich nicht betriegen wird. Was aber sein Rath gewesen/das ist kürtzlich zu erinnern. Nehmlich: Es hatte Ahitophel dem selbst-aufgeworffenen neuen Könige Absolon/welcher nunmehro in Waffen wieder seinen Herrn Vater/den David begriffen war/ gerathen/ daß er sich mit 12000.ausserlesenen Männern des Nachts auffmachen/ und David/wenn Er müde und laß ist/überfallen/ und also tödten/ das Volck aber wieder zu Absolon bringen solte (vers.12.)

(vers.12.) Weil aber Husai der Arachiter anders riethe / und Ahitophels Rath nicht fortging / so erweckte das bey Ihm gleich einen Verdruß seines Lebens (Abulens. in h. l. qv. 16.) Und das einmahl aus Ungedult / daß es nicht gienge / wie Er wolte. Es war sonsten Achitophel bey den Könige und dem gantzen Volck in solchen Ansehen / daß / wenn Er einen Rath gab / es nichts anders war / als ob man GOtt um etwas gefraget hätte / (II. Sam. XVI, 23.) Als er nun sahe / daß sein Rath iezt nicht fortgangen war / man hatte denselben vor unweißlich gehalten / so schmertzte Ihn solcher Schimpff hefftig / resolviret sich lieber zu sterben / als zu leben. Ferner wurde auch solcher Verdruß erweckt aus Furcht der bevorstehenden Gefahr. Denn weil Er / als ein kluger und verschmitzter Staats-Mann zuvor sehen kunte / daß David / als ein streitbahrer Held / bey solchen Verzug / eine grosse Menge Volcks an sich ziehen und den rebellischen Absolon überwältigen würde / so kunte er sich keine andere Gedancken machen / denn daß Ihn David seiner verrätherischen und boßhafften Anschläge wegen zur gebührlichen Straffe ziehen würde: Damit Er nun aber den David nicht möchte in die Hände kommen / und von Ihm / als ein Verrähter auffgehencket werden / so empfunde er bey sich einen Verdruß länger zu leben / und beschloß daher bey sich selber / solchen Unglück für zukommen und sich selbsten vom Leben zu helffen. (Ita conjiciunt Osiander & Cornel. à Lap. in h. l. It. Joseph. l. 7. Ant. Jud. c. 9.) Und zu solchen Verdruß länger zu leben hat der Feind des Lebens unzehlig viel andere Menschen gebracht. Aus der Heil. Schrifft ist bekand das Exempel Sauls / welcher auch / weil es nicht gieng / wie ers verlangte und sich auch von den Philistern nichts gutes versehen kunte / seines Lebens überdrüßig wurde / und zu vermeidung aller Noth in sein eigen Schwerdt fiel. (I. Sam. XXXI, 4.) Es stehet da / der verdamte Verräther Judas / der aus lauter Verdruß / durch zuschürung des bösen Feindes / sich auch durch den Strang vom Leben geholffen. (Matth. XXVII, 7. Actor. I. 18.) Aus

denen

denen Profan-Historien könten gleichfalls Exempla beygebracht
werden/wenn uns nicht leider!ach leider!Exempels genug wäre/
der erbärmliche Fall/welcher in voriger Wochen in unsern Gräntz=
zen sich begeben hat. Denn daß dieser armseelige Mensch seines
Lebens müsse überdrüßig gewesen seyn / das zeigen seine eigene
Worte/die er in seiner Stuben auf einen Zettel geschrieben hinter=
lassen hat. Denn so fänget er gleich seinen Brieff an: Tædio finem
qværo miserrimæ vitæ. Aus Verdruß länger zu leben/suche
ich mein Leben zu enden.*

 * *Juvat hîc, dilucidationis gratiâ, inserere literas, qvas ante discessum ἀυτοφόνος in Musæo reliqvit conscriptas. Rogo eqvidem digna aliàs & nullius, meo judicio, oculis exponendæ: sed cum in omnium fermè manibus, bona fide ex αὐτογράφῳ depromere & adscribere libet.*
   VVITTEB. d. 19. Jan. 1688.

TÆdio finem qværo vitæ miserrimæ injecto laqveo. Re-
dactusqve in id, ex qvo originem duxi meam, judicium
eorum, qvi me nescio qvo relegandum putarint, contemno.
Anima namqve nostra mortalis est. Religio ad vulgum pertinet, inventa scilicet ad decipiendos homines, eoqve melius
regendum mundum. Neqve verò sic sentiens jure videor vo-
cari Atheus. Qvis enim Deum esse sanæ homo mentis neget?
Ut verò ea, qvæ vulgò de religione traduntur, à sacerdotibus
doceantur; Ratio uti dictum postulat status. Qvi aures habet,
audiat: Mundus regitur opinionibus. Sed Sapienti sat. Non
enim omnes verbum hoc capiunt.

In me sepeliendo velim mecum agatur humaniter, qvam
in rem impensi sumptus nullum est dubium, qvin à meis
restituentur. Qvibus cum gratiarum actione meo nomine
pro tam infinitis beneficiis ab initio vitæ usqve ad hunc infe-
licem

licem imò felicisſimum diem in me collatis, ſimul extremum
Vale Vale dicatur. Sed trahor ad fata. Neqve eqvidem poſ-
ſum amplius ſine lachrymis de illis cogitare: inqve hac morte, vita unqvam, ſine extremis cordiis anguſtiis atqve terrori-
bus, diutius permanere.
 Placidè qvieſco, ſi tres thaleri DN. HAGEDORN
  Jenæ ſolvantur
                                    AUTORE
         JOACHIM. GERH. RAM. mp. Hol. Gluckſtad.
Pauca qvæ mea ſunt, iis attribuuntur, qvi ſepeliendi cada-
veris curam habuerunt: non excluſis tamen ſuo jure iis,
qvibus pro habitatione aliqvaliqve lavandi cura obligatum
me novi. Invaſi DEum calidisſimis ante deceſſum meum
precibus, fuſis etiam lachrymis; omninò ideoqve confido,
propter infinitam ſuam miſericordiam eum in gratiam me
recepturum. Nolite nolite itaq; me condemnare, ne ipſi rur-
ſus condemnemini.

 Was ihm ſein Leben verdrießlich gemacht/ das können wir
nicht wiſſen/ weil Er über 10. Tage in unſerer Stadt ſich nicht
auffgehalten/ auch über dem mit niemand ſich bekand gemacht.
Armuth/ welches ſonſten eine böſe Schantze und dem Hertzen
ſehr wehe thut/ alſo daß Syrach urtheilet/ es ſey beſſer ſterben
denn betteln/ (c. XL. 29.) auch wohl eher Leute ſich gefunden/
die aus Armuth ſich erhencket haben/ das kan es nicht ſeyn, weiln
ſeine liebe Frau Mutter keine Koſten an Ihm geſparet/ ſondern
binnen wenig Jahren (wie aus ſeinem Diario ich nachrechnen
können) auf die 600. Thaler übermachet. So dürffen wir es
auch auf keine Ungeſchicklichkeit oder Ungelehrſamkeit laſſen
ankommen/ daß Er etwan/ wie Homerus aus Verdruß/ als
er eine Frage/ ſo Ihm etliche Fiſcher in einer Inſul fürgeleget/
                                                      nicht

nicht beantworten konte / (Tostatus l. & qv. cc.) also Er aus Schande sein Leben verkürtzet. Sintemahl seine Testimonia, derer eines aus der Churfürstl. Land-Schul zu Meissen ist/ seine Geschickligkeit und guten Fleiß zur gnüge bestätigen; auch aus seinem bey sich habenden Manuscripten zu schliessen/ daß Er seine Zeit auff Universitäten nicht mit Müßiggehen zugebracht/ sondern einen herrlichen Schatz der weltlichen Rechten daselbsten sich gesamlet. Ob Er aber sonsten einen Ahitophelischen Rath gehabt/ der Ihm entweder mißgelungen oder gelungen/ daß Er also entweder aus Ungedult/ oder aber aus Furcht einzige Straffe auszustehen/ sein Leben zu schliessen sich bemühet/das ist GOtt/ für dessen Augen alles bloß und endecket ist (Ebr. IV, 13.) am besten bewust. Doch sey/wie ihm wolle! Satan hatte seine Mord-Pfeile in Ihn geschossen/ und Ihm länger zu leben verdrießlich gemacht. Seine ietzt erzehlten Worte zeigen an/ daß Er dem Cato gleich gesinnet gewesen/ welcher auch/ als Er ietzt die Mord-Klinge an seine Brust setzen/ und sich erstechen wolte/ beym Seneca Epist. 24. sagte: qvoniam deploratæ sunt res generis humani: Cato deducatur in tutum: Weils so gar elend in der Welt beschaffen / daß das Menschl. Leben nicht gnugsam zu beweinen ist/so sol sich Cato in Sicherheit begebē. Er meinte mit dem Ende seines Lebens alles Elends auff einmal loß zu werden. Aber! O unsichere Sicherheit! O unglückseeliges Ende des Elends/da das Elend der Seelen! vermuthlig allererst recht angeht! Ach! du verdammter Menschen-Feind! Wie magstu doch die Hertzen der Christen so beunruhigen/ daß sie ihres Lebens müssen überdrüßig werden? Scheuestu dich nicht die nach Gottes Ebenbild erschaffene Menschen zu deiner Mord-Gesellschafft zu leiten und zu locken?

Ach gütiger GOtt! Heiliger Vater! Was ist doch immer und ewig die Ursach/ daß du dem leidigen Satan (denn ohne deine Vergünstigung vermag er auch keine Sau zu beunruhigen/

tigen/ (Match. VIII, 31.) So viel Raum zuläst/ daß er zu unwiederbringlichen Seelen-Schaden der armen Menschen/ in ihnen einen Verdruß zum Leben erwecken kan? Aber was lamentiren und klagen wie lang? Gottes verborgene Gerichte vermögen wir doch nicht zuergründen. Wir müssen Paulum sagen/ und in heiliger Verwunderung Ihm nachruffen: O wie unbegreiflich sind doch Gottes Gerichte/ und unerforschlich seine Wege! (Rom. XI, 33.) Es scheinet aber/ ob wolte uns unser Text hiervon etwas unterrichten. Wer empfunde hier einen Verdruß länger zu leben? War es nicht Ahitophel? Wer war nun Ahitophel? Ein Weltmann/ der sich um GOtt und um die Religion nichts bekümmerte/ wie aus allen seine actionibus sattsam zu spühren. Wolte GOtt und aber wolte GOtt/ daß auch diese Atheisterey nicht in dem Hertze des Erhangenen gesteckt wäre/ so wolten wir von seiner Seeligkeit noch gute Gedancken zu der unendlichen Barmhertzigkeit GOttes schöpfen. Den ob er zwar vor keinen Atheisten/ oder einen der GOtt leugnet/ will gehalten werden/ so verrathen ihn doch die Klauen/ was für ein höllisch Löwe hinter ihn müsse gesteckt seyn. Religio, schriebt er ad vulgum pertinet, inventa sc: ad decipiendos homines eoq; melius regendum mundum. Ach das GOtt erbarm! Das ist eben der heimlich Gifft; Das ist Theologia Prudentûm, † welche in der Welt vieler Menschen Hertzen eingenommen/ und davon Christus längst zuvorher geweissaget/ da Er gesprochen: Wenn des Menschen Sohn kommen wird/ meinstu daß Er auch werde Glauben (nehmlich rechten Glauben) finden auff Erden? Luc. XIIX, 8.) Aber was folgt für ein Ausgang darauff? Wenn ein hungriger nicht essen mag/ so

C

muß

† Qvadrat hîc illud, qvod de doctissimo Viro H. Grotio Hollandus qvidam olim tulit judicium: *Ille habet Religionem Doctorum Virorum; & qværenti alteri, qvæ esset ista Religio?* Respondit *Credunt, qvod volunt.* Vid. Burgold. Disc. Juridico-Politico-Histor. Part. II. d. 2. p. 11.

muß er gewiß verschmachten. Verachtet ein verwundeter den Arzt und Chirurgum, so schläget endlich der kalte Brandt zu seinen Schaden. Und wil man in einen Wald des rechten Weges zur Stad nicht achten/ so geräth man gar leichte denen Busch-Klöppern in die Hände. Also gewißlich! Wer den Weg zum Himel/ die reine und seligmachende Religion nicht achtet/ der kömt den höllischen Schap-Hähnen in ihre Klauen. Wer die gesunde Seelen-Speise des Worts Gottes/ davon Hiskias saget: HErr davon lebt man/ und das Leben meines Geistes stehet in demselben (Es. XXXIIX, 16.) verwirfft/ und die geistlichen Seelen-Aerzte für Betrüger helt/ der muß endlich verschmachten und verderben/ also daß eintrifft/ was Salomo sagt: Wer das Wort verachtet/ der verderbet sich selbsten. (Prov. XIIX, 13.) Es ist kein Zweiffel/ es werden bey Ahitophel und unsern Selbst-Mörder die Gedancken sich ziemlich unter einander verklaget haben: Sie werden dann und wann/ absonderlich der leztere/ an die Gnade und Barmhertzigkeit haben gedacht/ und die Brosamen derselben gerne schmecken wollen: aber weil sie zu vorhero seines Worts gespottet/ die Lehrer und also den Ertz-Hirten Christum JEsum für Betrüger gehaltē/ so sehe ich nicht/ wie sie solche Gnade sich haben können zueignen? Es ist traun zu besorgen/ daß GOtt auch wird geschwiegen haben/ wie bey den gottlosen Saul/ dem Er in seiner Noth/ weder durch Träume/ noch durchs Licht/ noch durch Propheten mehr antworten wolte. (1. Sam. XXIIX, 6.) Deuchtets jemand allzuhart geredt zu seyn/ der schlage auf/ was Salomo sagt/ wenn Er die Göttliche Majestät also redend einführt: Ich will auch lachen in euren Unfall/ und euer spotten weñ da kömt/ was ihr fürchtet. Weñ über euch komet/ wie ein Sturm das ihr fürchtet/ und euer Unfall

als

als ein Wetter/wenn über Euch Angst und Noth kommet. Denn werden sie mir ruffen aber ich werde ihnen nicht antworten/ sie werden mich früh suchen und nicht finden/ darumb daß sie hasseten NB. die Lehre. (Prov.I,26.seqq.) Und wenn nun Satan solche Atheistische Hertzen zum Verdruß des Lebens gereitzet/so siehet er weiter/wie er sie auch bringe

II. Jm Strick.

Ahitophels und seiner Gesellschaffters Exempel lehret uns das/ denn so stehet in unserm Text: Als aber Ahitophel sahe/ daß sein Rath nicht fortgegangen war/sattelt er seinen Esel/ machte sich auf/ und zog heim in seine Stadt/ und beschickte sein Haus/und hieng sich. Es wird alles gar umständig beschrieben/theils was vor/theils auch/was bey der Erhenckung fürgegangen sey.

Vor den Todt sattelte Ahitophel seinen Esel. Die Esel und Maulthiere wurden im Alten Testament sehr gebrauchet/ vermittelst welche man entweder sich selbsten/ oder eine Last anderswohin tragen ließ: wie zu sehen an den Söhnen Jacobs/ welche/als sie Getreidig in Egypten hohleten/ein ieglicher seinen Esel hatte/(Gen. XLII 26.) Jngleichen jener Levite/ der sein Kebsweib suchete und zu dem Ende zwene Esel mit sich nahm/ den einen für sich/den andern aber für sein Kebsweib/ (Jud. XIX, 3.) Und bedieneten derselben sich nicht nur arme und geringe Leute/ sondern auch andere/ die höheres und vornehmen Standes waren: als da sind Abraham/ der Vater aller Gläubigen/ (Genes. XXII, 3.) Moses der Jsraelitische Heerführer/(Exod.IV,20.) Die Achsa/eine Princeßin aus den Stamm Juda/ (Jos. XV.18.) Mephiboseth ein gebohrner Königlicher Printz / (II. Sam. XIX. 26.) und noch andre mehr. Ja das auch in N. T. in Orient der Gebrauch der Esel nicht verächtlich gewesen/ erhället daraus/ weil man men dem Constantinopolitanischen Bischoff/ d.i. dem H. Chrysostomo (wie er selber Homil. L. in Tit. schreibet) als einen sonderbahren Beweißthum seines Prachts fürgeworffen: οἰκέτας ἔ-χει τοὺς διακονουμένους αὐτῷ, οἷ ἐπίδος ἔχεται; daß Er famulos oder Knechte gehabt/ die ihm müsten aufwarten/ NB. auch einen Esel/ auf welchen er sich führen ließ. (Boch. Hier. P. l. l. 2. c. 13. p. 185.) Daß es also nichts wunderliches/ daß Ahitophel/ als ein vornehmer Königlicher Minister und Geheimbder Rath auch einen Esel gehabt; welchen er gesattelt/ um mit denselben sich aufzumachen und heim zu ziehen in seine Stadt/ nemlich nach Gilo/ wie zu sehen aus den vorhergehenden 15. cap. v. 12. die wird genennet seine Stadt/ weil er darinnen gewohnet; eben wie Capernaum Christi Statt genennet wird/ (Matth. IX, 1.) weil Er sich für seinem Predigt-Ambt meistens darinnen aufgehalten.

Er beschickte sein Hauß/ das ist/ er machte eine Verordnung und Testament/ wie es nach seinem Tode durchgehends solte gehalten werden. Er wolte nicht ab intestato sterben/ und unter den Seinigen allerley Zanck und Zwispalt erwecken: sondern zuvor her alles abfassen und ordnen/ wie es solte gehalten werden/ so wohl mit den Hinterlassenen/ als auch vermuthlig mit seinem todten Cörper. Und das that er nicht etwan ordentlich und öffentlich/ dergleichen zu thun König Hiskias von GOTT Befehl bekam/ da Er ihn sagen lassen: Bestelle dein Hauß/ (Esa. XXXIIX, 1.) sondern/ wie zubermuthen/ gantz ingeheim/ daß es die Seinen nicht mercken kunten/ was es für ein Absehen hätte/ (Confer Abulensem in h.l.q. 17.)

Und fast alle diese Umstände finden wir bey dem Erhangenen für seinem Todt; Der Esel/ war gleichsam seine Vernunfft/ seine außer den Schrancken Göttliches Worts abgefaste Klugheit/ die er zu seinen zeitlichen/ und wolte GOtt auch nicht ewigen Verderben sattelte und herfür suchte. Denn bekandt ists/ daß sonsten durch den Esel die heil. Vätter verblümter weise verstehen

die

die menschliche Vernunft/ die uns in den Geheimnüssen GOttes/ wenn sie nicht den Gehorsam Christi und den Glauben zum Führer hat/ so dann herumführet/ als nimmermehr ein dummer Eselthun mag. Denn ob zwar die Vernunfft ein edles und helles Licht der Natur ist/ ohne welches wir weder in himmlischen noch irrdischen Dingen etwas verstehen können/ so richtet sie doch in Geistlichen Sachen/ ohne GOttes Wort/ nichts gutes aus. Sie mag einen dummen Esel/ ihrer ungezähmten Begierden wegen/ gar wohl verglichen werden. Und diesen sattelte er mit unmäßigen Speculiren/ was es doch für eine Bewandnüs mit der Seele eines Menschen habe? Obs nicht vielmehr wider die Natur/ und aus derselben nimmermehr könte bewiesen werden/ daß sie unsterblich sey? Fuhr dahero zu/ und bildete ihm fest ein/ quod anima nostra mortalis sit; die Seele sterbe und vergehe zugleich mit dem Menschen. Ob dieser unglückseelige Mensch Smalcii Schüler gewesen/ welcher ehemahls gelehret/ (ob er schon darüber sich beschwehret/ daß ihm dieses fälschlich angedichtet werde/ ap. B. Calov. in Script. Anct. Socin. P. III. p. 512.) daß der Geist oder die Seele eines Menschen/ wenn sie vom Leibe geschieden/ zugleich verderbe und wiederum zu nichts werde/ nachgehends aber bey der Aufferstehung ex non existente, aus nichts wieder herfür kommen werde; (Hackspan. Nor. Phil. in Matth. pag. 11.) weil er zuletzt auf die unendliche Barmhertzigkeit GOttes sich beruffet. Oder ob er unter den Epicurern eine Session gehabt/ welche vollends leugnen/ daß die Seele/ wenn sie einmahl von dem Leibe geschieden/ lebe oder iemahls leben werden/ die da sprechen: Wenn ein Mensch dahin ist/ so ists gar aus mit ihm/ so weiß man keinen nicht/ der aus der Höllen kommen sey/ ohngefehr sind wir gebohren/ und fahren wieder dahin/ als wären wir nie gewesen/ (Sap. II, 1. 2.) und also mit Pabst Johanne dem XXIII. gemeinet/ die Seele des Menschen sterbe zugleich mit dem Menschen/ (Joh. Wolff Lect. Mem.

T.II.f.626.) das stellet man dahin. Jedoch weil er seinen Esel gesattelt/ d.i. seiner blinden Vernunfft gefolget/ und dahero das unbetrügliche Wort GOttes/ welches doch von der Unsterbligkeit der Seelen deutlich redet/ als insonderheit Ecclef. XII, 7. Apoc. VI, 9. aus den Augen gesetzet/ so wäre zu wüntschen/ daß er anderer weisen Heyden Spuhr gefolget/ welche eine Unsterbligkeit der Seel bekennet/ und doch aus dem Licht der Natur/ weil sie das Wort GOttes nicht gehabt/ solches schöpffen müssen. Denn das Empedocles, Pythagoras und Plato solcher Meinung gewesen/ ist beym Justino (Apol. II. pro Christ. p. m. 65.) zu lesen. Und wer unter den Gelehrten von Zoroastre, Hermete, Phocilide, Xenocrate und andern mehr/ die auch/ als Heyden/ fest dafür gehalten/ daß sie eine unsterbliche Seele hätten/ Nachricht haben will/ der schlage auf Unsern theuren und hochvermißten Vater/ den seel. Hn. Calov. in Considerat. Theol. Socinianæ Prœmiali §174. Tom. Script. Anti Soc. P.I. p. 35. seq.) so wird er so viel finden/ daß er gnug hat. Ja/ es sattelte auch dieser Mensch den Esel/ das ist/ er zog seine Vernunfft zu Rath mit betrüglichen Anschlägen/ indem er vermeinte dem Elend zu entgehen/ da es ihn doch gieng/ wie dem Esel mit den Schwämmen in Wasser. Er kam aus der Treuffe in den starcken Platzregen: aus der Badstuben in einen Kalck-ofen/ und wolte GOTT! auch nicht aus den zeitlichen in das ewige Elend!

Mit Ahitophel machte er sich auf/ indem er von einer andern Stadt hieher zu uns kommen. Und wolte GOTT/ er hätte sich nicht aufgemacht! Wolte GOtt/ er wäre geblieben/ wo er bißher gewesen/ so würde er unser Land mit seinem Tode nicht verunreiniget haben. Er würde das arme Wittenberg/ welches doch an seinen Todt höchst unschuldig ist/ nicht in übeln Ruff gesetzet haben. Oder aber! wenn er ja sich aufmachen und zu uns kommen wollen/ wenn er doch nur gezogen mit Ahitophel auch in seine Stadt/ das ist/ an dem Ort/ da fleißige und fromme Studenten hingehören. Nicht allein in das Haus des HErrn/ als in die

Vorraths-Kammer alles geistlichen und leiblichen Seegens/ (Exod. XX,24. Matth.V.33.) sondern auch in das Haus derer Herren Professorum, in derer Lectiones und Collegia. Es ist ja unsre werthe Universität mit so theuren und treuen Lehrern versorget/ daß ein fleißiger Student (wie Freund und Feind wird gestehen müssen/) wenn er will/ keine Stunde in Müssiggang zubringen darff; also/ daß eher und mehr er Lehrer über Zuhörer/ denn Zuhörer über Lehrer klagen müssen. Ach wäre er doch in derer Häuser gegangen! Ach! wenn er doch an statt des Spanischen Weins/ des er täglich auf den Keller etwas genossen/ um vielleicht seines (vorgenommenen) Elends zuvergessen/ und seines Unglücks nicht mehr (recht) zugedencken/ (Proverb. XXXI,6.) den edlen Wein der Weißheit und Wissenschafft in sich gesogen! O wie wohl würde es mit ihm stehen/ und wie frölich würde er sich mit uns gebehrden können! Warum aber Ahitophel in seine Stadt zu Gilo/ sich erhengen wollen und nicht zu Jerusalem/ ist Ursach/ weil er zuvor eine Richtigkeit wolte machen/ wie es unter den Seinen nach seinem Todt solte gehalten werden. Oder/ wie Abulensis muthmasset/ daß er von den Seinen um so viel gewisser möchte begraben werden/ und desto geruhiger liegen. Mollius ossa cubant manibus tumulata suorum. Warum aber dies Mord-Kind eben hieher nach Wittenberg kommen/ und daselbst seinen schändlichen Selbst-Mord vollführet hat? warum er nicht anderswo/ da er bisher sich aufgehalten/ solchen in Werck gesetzet/ das gehöret gewißlich unter die verborgene Gerichte GOttes. Ach was soll in sagen/ Liebste Christen? Es mangelt leyder an Spöttern und Verächtern GOttes-Worts und seiner Diener/ wie allen Orten/ also auch bey uns nicht/ welche nicht allein GOttes Legaten verfolgen und meinen/ sie thun GOtt einen Dienst daran/ sondern auch ihrer Lehre nicht spöttisch genug zu reden wissen. Solten nicht auch welche dem gelehrten Lipsio nachschlagen/ von welchen man fürgiebt/ daß er diese Worte öffters aus seinem Munde hören lassen: Una & nulla religio pari mihi passu: Eine und keine Religion gilt mir gleich viel. (vid. Bak. Expos.Ev. P.III. p. m. 222.) Solten nicht manche gesinnet seyn/ wie der Tartar Cham, welcher nach Absterben des Glorwürdigsten Königs Stephani in Pohlen/ gerne die Crone gehabt/ und weil er wohl hörte/ daß grosse difficultäten der Religion wegen sich herfür thaten sagen ließ: Tuus Pontifex, meus Pontifex esto: tuus Lutherus meus Lutherus esto. Ihr der Pohlen/ Pabst/ solte auch sein Pabst/ und ihr Luther solte auch sein Luther seyn. (Lips.Monit. & Exempl. Polit. Lib.II. c.5. p.m. 116.) Vielleicht hat GOTT zur Schreck-und Warnung dieses erbärmliche Spectacul hier geschehen lassen/ und solchen Leuten weisen wollen/ wie dergleichen Atheisten und Spötter ein Ende nehmen mit Schrecken/ (Ps. LXXXIII, 7.

Wie aber Ahitophel sein Haus beschickte/ und verordnete wie es solte gehalten werden/ nach seinem Tode; das that auch dieser Unglückseelige mit seiner aufgezeichneten Schrifft. Glaubets/ andächtige Hertzen! Ich rede die Warheit und lüge nicht/ dessen mir mein Gewissen Zeugnis giebt in den heil. Geist: Meine Lenden zitterten/ das Hertz bebete mir im Leibe/ ja Furcht und Schrecken überfiele mich/ als ich seine verzweiffelte Gedancken bey mir recht erwogen hab. Er ist mir nicht anders/ ob sehe ich ihn auf seinen Knien liegen/ und die Thränen häuffig aus seinen Augen rinnen weil ihm sein Gewissen der Schändligkeit seines Vorhabens überführen wollen. Mich deucht/ ob sehe ich den leidigen Tröster in sichtbarlicher Gestalt für Ihn stehen/ der Ihn zuruffen und eingeblassen: Worauff wartestu länger in der Welt? Was wiltu dich viel mit tausenterley Gedancken plagen? Seegne GOTT und stirb. Ergreiffe einen Strick/ und mache es wie Judas und Ahitophel. Es ist um ein böses viertel Stündlein zu thun/ so bistu aller deiner Marter auf einmahl loß! Und daß Er über solch vorhaben einen schweren Kampf bey sich müsse empfunden haben/ zeuget derjenige Schedul/ so man bey Ihm gefunden hat. Qvid? sagt Er: Was? Wie?

Wie? possum salvâ conscientiâ consentire? Kan ich wohl mit guten Gewissen es thun? Und wem wolte doch sein Hertz nicht mit Thränen überlauffen/ wenn es von seinen Thränē die er vor seinen Abschied aus unserer Stadt/ wie Er schreibt/ vergossen/ höret und nachsinnet. Wenn es erweget/ wie Er noch an die Seinigen gedacht/ und nebst hertzlicher Bedanckung für alle erwiesene Wolthat/ zu tausent guter Nacht von Jhnen zu nehmen begehrt. Ach! Daß wir doch alle Wasser gnug hätten in unsern Haubte/ und unsere Augen Thränenqvellen wären Tag und Nacht zu beweinen den erschlagenen in unser Volck!

Wie gehets aber her bey den Todt? Von Ahitophel stestehet: und hing sich. Zwar ohne ist es nicht/ daß eintzige der Jüdischen Lehrer/ zu welchen sich auch der gelehrte Heinsius und Grotius gesellet/ fürgeben/ ob habe sich Ahitophel nicht gehencket; Sondern/ weil Er sich über den angethanen Schimpf/ daß man seinen Rath/ der doch sonsten so hoch gehalten wurde/ nicht gefolget auch bey David sich nichts gutes versehen kunte/ sehr gehärmet/ als hätte Er sich aus allzugrossen Gram und Leyd die Bräune verursachet/ daß Jhm der Halß geschwollen/ und endlichen ersticken müssen. (Conf. Casp. Sanct. & Corn. à Lap. in h. l. It. Hug. Grot. in Matth. 27, 5.) Weil aber solche Gedancken/ wie Unser hochvermister Calov (contra Grotium in l. c. p. 449.) wohl ausgeführet/ mit den Worten des Textes nicht stimmen/ so lassen wir uns von der Ubersetzung des seel. Herrn Lutheri/ der es auf eine eigene Erstickung/ und daß Er sich selbsten mit einen Strick die Kehle zugeschnüret/ ankommen läst/ nicht abwendig machen. Denn die Worte sind klar: Er beschickte sein Hauß und hing sich. Eben darum beschickte Er sein Hauß/ weil auf solche Weise sein Leben zu enden Er sich fürgenoṁen hatte/ und zwar bald. Denn ob schon/ wie die Meberichten dieser Morbus mit einen Menschen es nicht lang

D macht

macht/ sondern innerhalb wenig Stunden einē hin helffen kan/ (Sennert. l 11. Medic. Pract. P. 1. c. 24. pag. 99.) so stunde es doch nicht in AhitophelsGewalt dergleichē affectū sich an dē Haltz zu= ziehen. Er hätte sich lang härmen und grämen können/ ehe er sich in solche Kranckheit gebracht: Dieses aber zeigt an/ daß es gleich/ nachdem Er sein Testament gemacht/ geschehen. Drum bleibt es dabey: Er hing sich: das ist: Er ist sein eigener Hencker wor= den/ und hat aus Verdruß seines Lebens sich die Kehle mit einen Strick zugeschnüret. O unerhörtes Beginnen! O Grausamkeit/ davon zu vorhero noch nie oder wenig / war gehöret worden! Wer hätte sollen meinen/ daß ein solcher Fürnehmer und Kö= niglicher Minister dergleichen Gewalt an seinen eignen Leib ver= üben sollen? Wäre es denn nicht besser gewesen/ daß du/ O un= seeliger Ahitophel/ wärest zu David gegangen/ und um Gnade und Perdon gebeten? Ich bin versichert die Gelindigkeit/ so Er Simei erwiesen/ würde dir auch wiederfahren seyn. Er würde dir/ wie Ihm/ die Gnaden-Stime zugesprochen haben: Du solt nicht sterben. (II. Sam. XIX, 23.) Aber so gehts! Wen der Satan einmahl in seinen Stricken hat/ und man wickelt sich durch hertz= liche Busse und wahren Glauben nicht heraus/ den ersticket und erdrücket er endlichen. Und das ist es auch/ was wir in diesen Tagen haben beseufftzen und erfahren müssen an einer Person/ von der wir auch dergleichen nimmermehr vermuthet hätten. O es klang überaus erbärmlich/ da der Ruff durch unsre Thore in alle Gassen kam: Ein Student hat sich erhenckt! Er hing sich/ nicht in unserer Stadt/ welches noch in diesem Unglück un= ser Trost ist: Sondern ausser der Stadt/ an eine Eiche/ gleich den Absolon. An einen Baum über der Elben. Die Zeit/ und wenn Er solch verzweiffeltes Stück fürgenomen/ ist so præcisè nicht bewust? Ohne daß man weiß/ wie Er Sontages (d. 29. Januarii, da Er auch den Brieff dadiret) aus dē Hauß/ da Er gewohnet/ zu letzt gegangen/ und auch an den gewöhnlichen Orthe/ an selbigē Tag/ das letzte mahl gespeiset hat/ von da an aber Er nicht wie= der

der gesehen worden/ biß Er endlich Donnerstags (d. 2. Febr.) von einen Schäffer an einen Baum erblicket. O wehe des Tages/ mögen wir von beyden sagen/ daran solches geschehen ist! O wehe des sündlichen Volckes/ des Volcks von grosser Missethat/ des boßhafftigen Saamens/ der schädlichen Kinder/ die den Herrn verlassen/ den Heiligen in Israel lästern/ und zurücke gewichen sind! Und ist noch übrig das erbärmligste/ wie nehmlich Satans Bemühung diese ist/ wie Er dergleichen Selbst-Mörder bringe vom Strick

III. Zur Höllen.

Denn wie die H. Schrifft/ als wornach wir uns müssen richten/ ausdrücklich saget/ daß ein Mörder nicht habe das ewige Leben/ (1. Johan. III. 15.) also können wir gewißlich wider den Geist GOttes solche Leute nicht so leicht in den Himmel setzen. Ahitopheln brachte Satan vom Strick in die Hölle der Seelen nach/ dem Leibe nach.

Was das erste betrifft/ so ists enthalten in den beyden Worten: Er starb. Und das war auch das Absehen des höllischen Mord-Geistes. Er solte sterben/ und vom Strick nicht wieder loßkommen. Wäre er wieder davon befreyet worden/ so hätte er können Buße thun und die Barmhertzigkeit GOttes um Verzeihung seiner verzweiffelten Gedancken anflehen/ dergleichen etwan der Kerckermeister thäte/ welcher auch ins Schwerd fallen und sich selbst erwürgen wolte/ auf S. Pauli zuruffen aber umkehrte und gläubig wurde. (Act. XVI, 27. seqq.) Allein Er starb/ spricht unser Text/ das ist/ das natürliche Band Leibes und der Seelen wurde getrennet/ und muste in einem Augenblick von einander scheiden/ was bishero so genau mit einander verknüpffet war; Wo nun da die Seele hingefahren/ da ist noch wie kein Mensch so verwegen gewesen/ welcher läugnen wollen/ daß sie nicht ihr Quartier in der Höllen genommen. Denn Er starb ohne Reu und Bekehrung. Er starb ohne Glauben auf den zukünfftigen Schlangentreter. Er starb/ wie der reiche Mann/

der von Stund an/ an den Ort der Quahl/ das ist/ in die Hölle kam. Denn das ist eben der Ort/ der denen Verzagten/ (die an GOtt verzagen) zum theil wird/(Ap. XXI. 8.) Wie aber der Erhangene gestorben/ und wo er vom Strick/ der Seelen nach/ hingekommen/ da fallen/ wie bewust/ unterschiedliche Gedancken. Ich/ als der ich nicht gewohnt bin freventlich zu verdammen/ will auch hier der Christlichen Bescheidenheit mich bedienen/ daß ich für meine Persohn/ diesen frembden Knecht/ als welcher seinen HErren gefallen/ nicht richten will: nicht zwar aus der albern und ungeschickten Ursach/ weil er ein fulmen expelvi angerichtet/ und geschrieben: nolite, nolite me condemnare, ne rursus condemnemini; sondern aus Liebe zu den Gebothen Christi und H. Furcht zu den verborgenen/ aber doch gerechten Gerichte GOttes. Doch/ wenn ich als ein Knecht GOttes/ nach seinem geoffenbahrten Worte mein Urtheil abfassen soll/ so kan ich ihn nicht seelig sprechen/ sondern muß vielmehr schliessen/ daß er seinen Vorgänger/ dem Ahitophel/ auf frischer Spuhr nachgefolget. Denn aus seiner gantzen Schrifft/ als durch welche der Mund übergegangen/ dessen das Hertz voll gewesen/ und woraus so unzehlich viel Beweißthümer der Verdamnis könten herausgezogen werden/ will ich/ um der Einfältigen willen/ weil ohne dem das meiste gestern geschehn/ zwey Gründe herfür suchen/ als 1. den Mangel des Glaubens/ und den Uberfluß der Ergernüs. Von beyden rede nicht ich/ (trotz auch dem Teufel selbsten/ der mir etwa anders tichte/ weder ich rede!) sondern der Mund der Warheit Christus. Wie sagt er von denen/ die keinen Glauben haben) Wer nicht gläubet (spricht Er) der wird verdamt werden/ (Marc. XVI. 16.) Ingleichen: Wer nicht gläubet/ der ist schon gericht/ denn er gläubet nicht an den Nahmen des eingebohrnen Sohns GOTTES. (Joh. III. 18.) Wo finden wir wohl in seiner Schrift einziges pur seines Glaubens? Wo erwehnt er doch nur mit eine einzigen

Wort

Worte des Sündentilgers Christi u. seines theuren Verdienstes? Es sagt zwar der seel. Hr. D. Balduinus (l.3.C.C. cap. 4. cas. 14. p. m. 707.) daß/ wenn ein Mensch/ ehe er mit der Melancholey und Wahnsinnigkeit überfallen wird/ seine Sünde erkennet/ ein deutliches Bekändnüs seines Glaubens an Christum von sich stellet/ ꝛc. daß man ihn freventlich nicht verdammen solle. Aber das ist leyder! leyder! hier nicht zu erkennen. Ist doch sonsten mit dem Tode nicht zu scherzen/ nach des sel. Hn. Lutheri Vermahnung (Colloq. mensal. de morte f. m. 369. b. 362. a.) denn er ist judicium Dei, & ira Dei, die erschreckliche Hegebanck des Gerichts und Zorns GOttes/ welchen niemand geringe halten kan er habe denn zuvor Fidem, den Glauben an den HErren der gekreutzigt ist. Wie solte denn ein Mensch im Selbst-Mord, ohne Christo/ ohne den Glauben an ihn bestehen können? Und wenn ihn schon alles wolte loßzehlen/ so hanget doch/ wie mich deucht/ aus GOttes Wort/ ein grosser Mühlstein an seinem Halse/ der ihn nicht in das Meer/ sondern in den höllischen See versencken will. Wehe dem Menschen/ spricht Christus/ von welchen Ergernüß kömt. (Matth. XIX. 17.) Lieber GOtt! was hat er doch für Ergernüs angerichtet mit seiner verfluchten Läster schrifft? Wie wird doch mancher den Gift des Naturalismi hiedurch heimlich in sein Hertz schleichen! Zu was unchristlichen Gedancken wird nicht dieser Brieff noch manchen Menschen bringen/ absonderlich die noch im Glauben Kinder seyn/ und sich wegen und wiegen lassen von allerley wind der Lehre. Es ist dieser unseelige Mensch dem Simson gleich/ welcher in seinem Todt und mit seinem Todt mehr getötet/ und schädlich gewesen/ als in seinem Leben. Seine provocation auf die Barmhertzigkeit GOttes kan ihn an und vor sich selbsten/ so wenig helffen/ als jenem Studenten/ welcher/ als er sich erstechen wollen/ ringes herum in seiner Stuben/ an Thüren/ Bäncke und Kasten schrieb: Salvatus sum, salvatus sum: Ich bin seelig. (refer. Celichio apud

Bie-

Bledenb. dec. 5. conf. 8. p. 640.) Oder wie dem Aristoteles/ der wie man insgemein fürgiebet sich selbsten ins Meer stürtzete und dabey ausrieff: O Ens Entium, miserere mei! O du Wesen aller Wesen/ erbarm dich meiner (Ursin. Acer. philol. p. 30.) Denn in und durch seinen Mord hat er mit der einen Hand wieder von sich gestossen/ was er mit der andern ergriffen hat. Was sagt nun GOtt von solchen Leuten: Wo sich der Gerechte kehret von seiner Gerechtigkeit und thut böses/ und lebt nach allen Greueln/ die ein Gottloser thut/ solte der leben? Ja aller seiner Gerechtigkeit soll nicht gedacht werden/ die er gethan hat/ sondern in seiner Ubertretung und Sünde die er gethan hat/ soll er sterben/ (Ezech. XIIX. 24.) Wie? spricht der sichere Gnaden-Sünder / solte GOttes unendliche Barmhertzigkeit in der letzten Todesstunde ihn nicht haben können wieder aufrichten? Vielleicht hat er in den letzten Augenblick alle sein Unrecht bereuet/ und GOtt um Verzeihung gebethen? Es wäre zu wüntschen/ liebsten Christen/ aber es ist nicht zuvermuthen. Denn des Menschen Seeligkeit auf den letzten Blick seines Lebens zu setzen/ daß ist traun gefährlich. Der Schächer bekehrte sich zwar auch in der letzten Stunde seines Lebens: aber er hielte Christum nicht für einen Betrüger mit seinem Wort/ sondern hörte/ was er noch am Creutz predigte; glaubete es auch/ und bat Christum/ daß er seiner in seinem Reich solte gedencken. Dieser aber hielte die Lehre Christi für Betrug/ und meinete/ was von den Lehrern geprediget würde/ gehörte nicht zur Seeligkeit/ sondern es erforderte es nur Ratio status. Doch/ wie erwehnet/ ich rede nicht für mich/ sondern was Christus in H. Schrifft gesprochen/ und unterwerffe mich im übrigen gar gerne dem Geist der Propheten u. was andere Geistreiche Theologi davon urtheilen.

Wir erwegen vielmehr/ wie auch Ahitophel dē Leibe nach sein Lager in der Höllen hat. Hier auf Erden ist es zwar eine erträgliche Hölle/ nemlich das Grab/ welches sonst verblümbt diesen

sen Namen führet. Denn so spricht der Text: Und ward begraben in seines Vaters Grab. Wie kömts/möchten wir hier fragen/ daß dieser Selbst-Mörder noch ein ehrliches Begräbnüs hatt? Meineten wir doch / er hätte entweder von denen Vögeln oder wilden Thieren sollen gefressen/ oder an einen solchen Orth hingeschleppet werden/ wo keine Menschen begraben liegen? GOtt hatte traun wieder die Gottlosen gar eine schlechte Leichbestattung verordnet. Wie sagte Er von dem gottlosen Könige Jojakim? Er soll wie ein Esel begraben werden/zuschleifft und hinaus geworffen für die Thor Jerusalem. [Jer. XXII. 19.] Ists wahr/was die Naturkündiger ins gemein angemercket/daß keine Schlange/ welche einen Menschen tödlich verletzet hat/ wiederum in die Erden kommen könne/ sondern sie müste ausser derselben bleiben und sterben: So mag in Wahrheit die Erde einen solchen gifftigen Schlangen-Wurm mit Willen in ihren Bauche nicht beherbergen/ der an seinem Tode Ursach ist /und nicht warten wollen/ biß Jhn GOtt aus dieser Welt abgefordert. Sie wird seufftzen/daß sie ohne ihren Wille solcher grossen Eitelkeit nuß unterworffen seyn. (Rom. VIII, 20.) Dahero auch die Heyden einen solchen Selbst-Mörder ein ehrlich Begräbniß versaget/und ausser der Erden haben wissen wollen/wie beym Platone l.6.9.& de leg. zu sehen/auch Seneca sagt: Facinus indignum, si inveniantur manus, qvæ sepeliant eum, qvem occidere suæ. Es sey schändlich/ wenn Hände sich finden/ die denjenigen begraben/welchen seine eigene umgebracht haben. Denn daß Gesetz war dieses: Homicida sui in sepultus abjiciatur, wer sich selbsten vorsetzlich ermordet/ der soll unbegraben liegen. (libr. 8. Contr. 4.) welches in denen Päbstischen Rechten fürnehmlich bey denjenigen in acht genommen worden/welche sich erhangen. Ja was dißfals in unsern Jure Saxonico verordnet/ das ist aus dem 31. Articul des anders Buchs nicht unbekandt; Allein wie das Grab hier/ wie auch andre an geweiheten Oertern/ Ahitophel und seines

glei-

gleichen noch lange nicht seelig machen/ noch weniger seinem Leibe am zukünfftigen allgemeinen Gerichts-Tage/ von der Höllen befreyen wird/ und wenn sie auch schon auff einen hohen Altar gesetzet würden/ also hat es auch mit dieser Begräbniß nichts sonderlichs zu bedeuten. Denn erstlich war es seines Vaters/ und also ein Privat-Grab/ wie unter den Hebräern gebräuchlich war.   Und über diß/ so wurde Jhm/ wie Osiander gar wohl angemercket hat/ diese Ehre noch zu guterletzt angethan/ weil Er vor der Zeit ein vortrefflicher Mann und in hohen Ansehen war. Und so solt auch Jhr sentiren von den Begräbnüß des armseeligen Menschens.   Gewißlich diejenigen/ so in verordnung seiner Begräbnüß sich bemühē müssen/ haben nicht in Ansehung seines letzten Willens (deñ sein Brief war damahls noch nicht offenbahr) dergleichen Verfügung gethan/ weil nach denen Rechten dererjenigen Testamenta gültig seyn sollen/ die aus Verdruß des Lebens sich das Leben genommen haben (vide inter alios Jac. Guther. de Jur. Man. l.1.c.10. p.67.) sondern aus reiffen bedacht und Nachsinnen. Denn wie etwan König Jehu letzlich noch befohlē/ man solte die gottlose Jesabel begraben/ weil sie eines Königes Tochter gewesen/ damit Jhren Stam̄ und Geschlechte der Schimpf nicht etwan allzuwehe thun möchte. (II. Reg. IX. 34.) auch würde geschehen seyn/ wenn sie nicht albereit von den Hunden wäre gefressen gewesen: Also wäre dieser seiner That wegen auch wohl werth/ daß Er/ andern zum Abscheu/ zu andern unvernüfftigen Thieren/ als derer Seele mit stirbet/ wie Er von den Menschen geurtheilt/ wäre begraben worden. Aber seines Ordens wegen/ u. weil es nahe bey einer Universität/ hat man vermuthlich etwas gütiger mit Jhm handeln wollen: Doch hilfft dieses Grab weder Jhn nach dem Ahitophel zu ihrer Seeligkeit was.   Jhre Leiber werden doch zu der Zeit/ wenn viel (das ist alle) so unter der Erden schlaffen liegen/ werden auffwachen etliche zum ewigen Leben/
etliche

etliche aber zur ewigen Schmach und Schande/ mit der vereinigten Seelen zur Höllen wandern müssen. Und so bringet der leidige Satan diejenigen/ so ihm in seinen Stricken nach seinen Willen gefangen einhergehen/ **zum Verdruß ihres Lebens/ aus dem Verdruß zum Stricke und vom Stricke endlich zur Höllen.**

Gebrauch.

SO lernet demnach/ meine allerliebsten Seelen-Kinder/ die List und Boßheit des abgesagten Menschen-Feindes! Ach lernet doch einmahl erkennen die Seelen-Gefahr/ worein Satan diejenige zu stürzen pfleget/ die seinen höllischen Einblasen und Verführungen Gehör geben! Sehet und mercket nur/ wie gefährlich es ist/ wenn ein Mensch die grünen Auen des geoffenbahrten Wort Gottes und rechtgläubiger Lehrer Anweisungen nicht achtet/ sondern in die Wüste der Atheisten und allerhand Schwermer geräth! Gewißlich hätte unser unglückseelige Mensch GOttes Wort nicht aus dem Auge gesetzet/ sondern es seines Fußes Leuchte u. ein Licht auff seinen Wegen seyn lassen, auch ausdemselben feste gefasset und gegläubet/ daß 1. Unser keiner Ihm selbsten lebe noch sterbe (Rom. XIV, 7.) und dahero nicht/ wie von einer Mahlzeit, wenn man satt ist/ nach seinen belieben auffstehen und davon gehen darff: daß 2. Ein Todschläger/ oder Mörder/ nicht hat das ewige Leben bey Ihn bleiben (1. Joh. III. 15.) auch das Reich GOttes nicht ererben werde. (Gal. V. 21.) daß 3. Der Geist des Menschen wieder zu GOtt komme/ der Ihn gegeben hat. (Sap. XII, 7.) daß 4. die Religion kein Layen-sondern allgemeines Wesen/ zu Beförderung der Erkäntnüß GOttes u. unsrer Seeligkeit sey: daß 5. nicht die Ratio Status, sondern die Nothwendigkeit u. das nicht die Menschen destobesser im Zaum zu halten/ sondern sie zu GOtt zu bringen/ Prediger erfodere/ u. alles aus Pauli Worten/ da er spricht: Wer den Nahmen des HErrn anrufft/ wird

E seelig

seelig werdē: Wie sollē sie aber anruffen/an dem sie nicht
gläuben? Wie sollen Sie aber gläuben/von dem Sie
nichts gehöret haben? Wie sollen Sie aber hören ohne
NB Prediger (Rom. X, 13.14.) daß 6. nicht gnug sey einen GOtt
gläuben/sondern den rechten u. wahren GOtt/ von welchem
Christus saget: Das ist das ewige Leben/ daß sie dich/
daß du allein wahrer GOtt bist/u. den du gesand hast
JEsum CHristum erkennen. (Joh. XVII, 3.) daß 7. GOtt
nicht will den Tod des Sünders/sondern daß er sich be=
kehre u. lebe (Ezech. XIIX. 23. XXXIII. 11.) und hätte das alles mit
den Schrifften und Reden reiner Theologen und anderer Leh=
rer gegen einander gehalten: So würde in Wahrheit der böse
Feind Jhn nicht zum Verdruß seines Lebens/ noch weniger
aber zum Strick / und am allerwenigsten zur Höllen/der
Vermuthung nach/gebracht haben: Woher kams/daß Ahitophel
ein Ende mit Schrecken nahm? War es nicht die hindansetzung
GOttes Worts und seiner Propheten? Hätte dieser mit David
GOttes Wort seinen Trost seyn lassen/ Er würde nimmermehr
vergangen seyn in seinen Elende. Hätte Er sich zu einen
Propheten gemacht/und Jhn die feuerige Pfeile des Satans/
so Er in Jhn geschossen/und Jhn länger zu leben einen Verdruß
erwecket/offenbahret/ Er würde durch Gottes Gnade/wie Pau=
lus dem Kerkermeister/ Jhn auff bessere und andere Gedancken
gebracht haben. Sage an und leugne nicht/du Verräther Ju=
das/was hat dich zum Verdrnß des Lebens/ aus den Verdruß
zum Strick/und vom Strick zum Abgrund der Höllē geführet?
War es nicht / daß du die treuhertzige Vermahnung deines
Meisters in den Winde schlugest und denienigen bösen Gedan=
cken/die dir Satan albereit ins Hertze gegeben hatte/weiter nach=
dachtest? Ja freylich! Denn also musten diese alle innen
werden u. erfahrē/was für Jammer u. Hertzeleid es brin=
get/den HErren seinen GOtt verlassen/ und ihn nicht
fürchten/spricht der HErr HErr Zebaoth/ (Jer. II. 19.)

und

Und was wollen wir viel fragen u. forschen? Schlangen u. Kröten nisteln in ein solches Hauß/das wüste und öde stehet. Cancer und Spinnen finden sich in einen Zimmer/wo es von Leuten nicht bewohnet wird. Wohnet GOtt mit seinem Wort und heilsamen Erkäntnüß in einen Menschen nicht so findet sich bald die alte Schlange und höllische Spinne ein/und setzet sich so fest/ daß sie so leichte nicht wieder aus zu treiben ist Deñ Satans Absehen ist dieses/daß er ihn endlich verschlingen möge. (I.Pet V.8.)

Drum/wohl dem und aber wohl/der sich an dieser unseeligen Leute schrecklichen Exempel spiegelt/u. des Satans Boßheit bey Zeiten erkennen lernet! Wohl dem/der sich wider diesen höllischen MordGeist mit Gebet und Glauben waffnet/und seinen Zuschürungen weder Raum noch Gehör giebet! Ziehet an den Harnisch GOttes/spricht Paulus/daß ihr bestehen könt gegen die listigen Anläuffe des Teufels/ denn wir haben nicht mit Fleisch und Blut zu kämpfen/ sondern mit Fürsten und Gewaltigen/ nehmlich mit dem Herrn der Welt/die in der Finsternüs dieser Welt herrschen mit den bösen Geistern unter den Himmel/ (Ephes. VI. 11, 12.) Für allen Dingen hüte dich/mein lieber Mensch/für Verachtung GOTTES Worts und seiner Diener. Machs nicht/ wie die unbesonnenen Kinder oder eigensinnige Mägde/ welche zu zeiten in finstern sich keines Liechtes bedienen wollen/und nachgehends fallen und Schaden nehmen. Machs nicht wie ein trozziger oder auch furchtsamer Soldat/ derer jene manchmahl aus Ubermuth/dieser aber aus Furcht sein Gewehr von sich legt und darüber von den Feind ertappet gefangen verwundet auch wohl gar ermordet wird. Denn wie GOttes Wort das Schwerd des Geistes ist/(Eph.VI.17.) Es ist ein Licht auf unsern Wegen/(Psal. CXIX. 105.) so müssen wir auch daßelbe allezeit bey uns haben: wir möchten sonsten in der Finsternüß dieser Welt einen gefährlichen Fall thun/oder gar von den

hölli-

höllischen Feinde verwundet und geschlagen werden. Laß dich den Teufel und seine Propheten nicht überreden/ob sey die Religion und wahre GOttesdienst ein inventum humanum, eine Sache/die von den Menschen ersonnen/die Leute nur desto besser in Schrancken zu halten. Nein/ es gehet hier nicht her/ wie mit dem Fegefeuer/ von welchem auffrichtige Papisten wohl eher gestanden: Es sey pium figmentum, ad alendos Clericos & coercendos malos: aus guter Intention ersonnen/damit die Clerisey (nemlich um der Seelmessen willen derer jährlich unzehlig viel mit grossen Kosten bezahlet werden) desto besser ihren Unterhalt habe/ und man der Boßheit steuren möge. Sondern/ Sie ist eine Göttliche Ordnung/ wie ein Christlicher Politicus (Theod. Reink. in der Bibl. Pol. p. 29.) angemercket/ welche ihren Ursprung hat aus dem Paradieß-Garten/da GOtt nach dem Fall dem menschlichen Geschlechte/ das tröstliche Evangelium angekündiget/ daß des Weibes Sammen/ nemlich Christus/ der Schlangen den Kopff zutreten solte. (Gen. III. 15.) Und ist fürnemlich: animi ad unum solum verum DEUM firma stabilisqve conversio & vita, qvæ mandatis ejus peragitur: ein solch wohl eingericht Leben/ welches unser Gemüth zu den einzigen und allein wahren GOtt richtet/ und thut/ was GOTT in seinem Wort befiehlet und begehrt. (defin. Eusebio l. 1. d. Pr. Ev.) Niemand gerathe/ um seiner Seelen Seeligkeit willen/ auf die bösen Gedancken/ ob wären die Prediger u. Diener Christi Betrüger/ oder wenn wirs ja was höfflicher geben wolten/ Schwätzer/ Plauderer/ die etwas hersagten/ daß doch keinen Grund/ außer die Rationem Status hätte/ weil es nemlich so seyn müsse: Wie etwan die Jüden auch solcher Gedancken waren/ u. ihre Prediger verlacheten/indem sie sprachen: So übel wirds uns nicht gehen/ Schwerd u. Hunger werden wir nicht sehen/ ja die Propheten sind NB. Wäscher. (Jer. V. 13.) Der Geist GOttes/der ein Geist der Warheit ist/ stattet durch Paulum

lum ein weit besseres Zeugnüß von ihnen ab: Dafür halte uns iederman/ spricht erwehnter Apostel/ nemlich für Christus Diener u. Haußhalter über GOttes Geheimnüß (I.Cor.IV.1.) und anderswo (II. Cor. V. 20.) saget er wiederum: So sind wir nun Bottschafter an Christus statt/ denn GOtt vermahnet durch Uns. Noch weniger aber lasse sich iemand den Teufel verblenden/ daß er wolte gläuben/ ob wäre die Seele ein solches Wesen/ das da vergänglich und sterblich sey. Liesest du schon den Spruch Salomonis/ der da spricht: Es gehe dem Menschen wie dem Vieh; wie dies sterbe/ so stirbt das auch/ und haben alle einerley Oden/ und der Mensch hat nichts mehr denn das Vieh/ (Eccles. III.19.) so verstehe ihn nur auch recht. Entweder/ es redet hier der Heil. Geist/ durch Salomon/ nicht nach seinen Sinn und aus seiner Meinung/ sondern/ wie die Epicurer und GOttlosen meineten/ (juxta B. VValth. Harm.Bibl. in h. l. p.566.) oder aber/ wie die Umstände zeigen wollen/ so will Salomon den GOttlosen einreden und weisen/ wie zwar mit menschlicher Vernunfft die Unsterbligkeit der Seelē nicht zu begreifen/ aber auch nicht zuleugnen sey. (Luth.cit.B. Calov. in Bibl. Germ. in h. l.) Sonsten bleibts dabey/ was er in den folgenden (XII. 7.) Capitel saget: Der Geist/ (die Seele) kömt wieder zu GOtt/ von dem sie uhrsprünglich ihr Wesen hat. Wer sich hierinnen in seinem Glauben bevestigen u. wider alles Einblasen des bösen Feindes u. seiner Vernunft verwahren will/ der schlage nach/ was ein theurer Lehrer bey der Kirchē und Universität zu Leipzig/ den GOtt zum Seegen setze in seinen Anti-Melancholico P.II. p. 588. nicht ohne Erbauung angeführet. Welches Buch/ wie es in vieler Händen ist/ und in deutscher Sprache verfertiget/ also auch von allen zu ihren Unterricht kan gelesen werden.

 Versuchet aber Satan an einen oder den andern sein Heil/ daß er ihn sein Leben sauer und verdrießlich machen will/ der lei-

he ja diesen bösen Feinde weder Ohren noch Hertz. Principiis obsta.   Wiederstehet dem Teuffel/so fliehet er von Euch (Jac.II, 7.) Laß es seyn mein lieber Christ/daß dein Rath in guten/wie Ahitophels in bösen/ auch nicht fortgegangen/ du siehest/ wie du zu keiner Beförderung kömst/ es geht ein Jahr nach dem andern dahin/ und GOttes Winck will dir noch nicht ruffen; oder deine Nahrung geräth von tage zu tage ins stecken/ die Lebensmittel nehmen ab/ daß du nicht weist/ wie du dich ins künftige solst fortbringen: O so sattle ja nicht alsbald den Esell/und gerathe/ durch deine Vernuft dazu geleitet/auf mißtrauliche u. sündliche Gedancken/daß du woltest dencken: Es sey unmöglich/ dich länger in der Welt fortzubringen/ du müssest dir noch ein Leyd thun und vom Leben helffen. Denn das alles sind sattsame Anzeigungen/daß der Feind den Esel fleischlicher Vernunft beym Zaum habe/und dich vermuthlich an keinen guten u. sichern Ort führen will. Machs vielmehr wie die Jünger Christi/die satzten JEsum auf den Esel/(Matth.XXI. 7.) d. i. nim deine Vernunft gefangen unter den Gehorsam Christi/und dencke/ der dir hat das Leben gegeben/ wird dir auch des Lebens Unterhalte nicht versagen. Der die Lilien auf dem Felde kleidet/und die Vögel untern Himel speiset/wird auch dich/ als sein edelstes Geschöpffe/nicht verderbē lassen. Besiehl du nur dem HErrn deine Wege/stelle ihn alles in deinem Leben anheim/und hoffe auf ihn/vertraue seiner Allmacht Hülff u. Warheit/ so wirstu sehē/ wie er alles zu deinē besten wohl machen wird. Es ist ja wohl um das menschliche Leben ein elend jämerlich Ding weil absonderlich ihrer viel sind/die ihres Elends kein Ende sehen/sie sitzen die gantze Zeit und spinnen den Kumerfaden und benetzen solchen mit unabläßlichen Thränen/ aber darum muß man noch lange nicht sich selbsten aus denselben helffen/ sondern mit heil. Betrachtung der Güte GOttes/ u. der zukünftigen Herrligkeit solches versüßen. Diejenigen so einen strom hinunter schiffen/kommen endlich in das gesalzene bittre Meer/ welche aber den Strohm hinauf schiffen/komen gar zu der süssen Qvell/an den Ort/ da der Strohm herfür qvillet. Laß dich, ō nicht
wun-

wundern/daß du hier das bittere Creutzwasser/ mehr als dir lieb ist/schmeckest das gesaltzene Unglüks wasser gehet dir bis an die Seele/u. die Ströhme wollen dich fast ersäuffen; Vielleich schwimmest du auf diesem Welt-Meer immer den Strohm nach/das ist/du folgest deiner Vernunfft und siehest nue aufs sich thare. Versuchs aber/und schiffe aufwarts/practicire das sursum corda, und bedencke/ daß dieser Zeit leyden nicht werth sey der Herrligkeit die an uns soll offenbahr werden/u. wie es GOtt also verordnet/daß wir durch u. bey Egyptens Bitterkeit destomehr an das himmlische Canaan sollen gedencken/ so wirstu kommen zu der süssen Quelle Göttlichen Trosts. Oder solte Satan einen oder dem andern sein Gewissen bange/und also sein Leben verdrießlich machen/ wegen seiner sündlichen Rath-und Anschläge/die er Zeit seines Lebens gemachet/ der verzage deswegen nicht flugs an der Barmhertzigkeit GOttes; Er gerathe ja nicht auf den verzweiffelten Vorsatz/ wie er sich seines Lebens und also seiner Gewissens-Marter selbsten wolle abhelffen. Er ergreiffe vielmehr das liebe Gebet und Wort GOttes/als womit man allen listigen Anläuffen des Teufels widerstehen kan Er mache sich zu einen ehrlichen Geistlichen oder andern rechtschaffenen gelehrten Mann/und klage dem sein Anliegen und Hertzens-Noth. Versichert hätte Ahitophel und sein Camerad fleissig gebetet/ jener Nathan u. dieser Uns Lehrer/ beyde aber Mosen u. die Propheten gehöret/sie würden/vermuthlich nicht komen seyn an den Ort der Quahl. Hätten sie GOttes Wort für ihr Wehr und Waffen gehalten/der böse Feind würde nicht Oberhand über sie gespielet haben. Als Er sich dorten an Christum machet/und Ihn unter andern auch zu einem Selbst-Mord verleiten wolte/ daß er sich solte von der Zinnen des Tempels herunter stürtzen/so brauchte Christus das Wort GOttes/ und damit muste Satan weichen (Matth.IV.6. u.) Mach du es auch so/mein lieber Christy will dir Satan einblasen/du hättest dich zu GOtt nichts gutes zu versehen/deine Sünden scheiden dich und ihn vor einander/drum wärs am besten du segnestest GOtt und stirbest/ so sprich: Nein/ es stehet geschrieben/ wo die Sünde mächtig worden ist/ da ist doch die Gnade GOttes viel mächtiger worden/ (Rom. V.21.) Ich weiß daß GOtt nicht wolle den Tod des Sünders/sondern daß er sich bekehre/ Buße thue und lebe. Ergreiffe in wahren Glauben/den an das Creutz gehengten JEsum mit seinen theuren Verdienst und sprich: Ach Vater nimb den Bürgen an/der/hat gnug für mich gethan! Will Satanas in dir einen Verdruß erwecken länger zu leben/ daß Er dir einspeyet: Wer nimmet sich deiner auff Erden an! Wer thut dir Gutes? Was wilstu dich lange placken und plagen/du erlebest doch keine bessere sondern ärgere Zeiten/ drum ergreiffe einen Strick wie Ahitophel und Judas/ oder einen Degen/wie Saul/und nim

die

dir selbsten das Leben? So sprich: Nein! Es stehet geschrieben: Unser keiner lebt Ihn selber und unser keiner stirbt ihn selber. Wir leben oder sterben so sind wir des HErren. (Rom. XIV. 7.) Ja Er bedencke die ewige Schmach und Schande so solche Selbst-Mörder zu erwarten haben. Unter den Milesiern bechörete einstens der Satan die Jungfern so sehr/ daß sie aus Verdruß des Lebens sich häuffig hiengen/ also daß alle Tage in denen Häusern etliche/ auff solche Art getödet/ gefunden wurden. Diesem Unheil konte man nicht eher steuern/ biß man öffentlich außruffen ließ: Man wolle die Cörper der Erhenckten nackend und bloß hinauß schleppen. Für welcher Schande die übrigen sich gefürchtet/ und keine mehr sich auffknüpffen wollen. [Fulgos. l. IV. Memor. c. 5.) Ach die zeitliche Schande ging noch wohl hin/ weil ein solcher Selbst-Mörder ohne dem nicht weiß/ wie mit Ihm/ nach seinem Tode verfahren wird/ auch kein Gesetz so kräfftig/ das bey uns Menschen nicht solte seine Exception leiden: Allein wen am Jüngsten-Tage die höllischen Schinder-Knechte einen solchen unseeligen Menschen mit Leib und Seel für den Augen aller Ausserwehlten hin schleppen werden/ was für Scham und Schande wird sie überfallen? O wie werden sie für Reue und Angst ihres Geistes seufftzen! Sap. V. 3.

Wie nun aber sonsten GOtt im Alten Testament verordnet hatte/ daß wenn man einen Erschlagenen finde auf dem Feld/ u. man von seinen Tod nichts wisse/ für allen andern die Priester und Aeltesten herzu treten u. sagen solten: **Unser Hände haben das Blut nicht vergossen/ so habens auch unser Augen nicht ge-sehen. Sey gnädig deinem Volck Israel/ das du/ der HErr erlöset hast/ lege nicht das unschuldige Blut auff dein Volck Israel:** (Deut. XXI 7. 8.) also fallen auch wir/ GOtt/ deine Knechte/ bey diesem Erhangenen/ für dir nieder/ seufftzen und ruffen: Unsere Hände haben diesen Mord nicht begangen/ so habens auch unsre Augen nicht gesehen/ ja niemand unter uns hat denselben verursachet. Drum sey gnädig deinem Volck/ und laß diß erstickte Blut unserer lieben Universität und gantzen Stadt keinen übeln Ruff zuziehen! Denn siehe hier liegt Sie für deinen Füssen/ und giebt hiermit aller Welt (dir/ O allwissender GOtt/ ists ohne dem unverborgen!) ihre Unschuld zu erkennen/ indem Sie gleichsam wie dorten Fabius (vid. Guther. l. c.] außrufft : Misera ego! nec ad funus accessi, nec licuit super ipsum corpus proclamare NON FECI! Ach ich unglückliche Mutter in Sachsen! Es gehet mich dieses Mord-Kind nichts an. Keiner unter allen meinen Vätern/ hat es je mit Augen gesehen. Ich bin auch bey seiner Beerdigung nicht gewesen. Habe auch über seinen verzweifelten Cörper nicht dürffen ruffen! **Ich habs nicht gethan!**